Überraschende Perspektiven, spannende Einblicke und ein flotter Schreibstil lassen Sie dieses Buch nicht mehr aus der Hand legen. Die Autorin nimmt Sie mit auf eine Reise in den ganz normalen Alltag – der auf einmal gar nicht mehr so normal erscheint. Aus einer anderen Perspektive betrachtet bekommen selbst die alltäglichsten Dinge völlig neue Bedeutungen. Türen, Fenster, Bäume oder gar den Teppich im Wohnzimmer sehen wir auf einmal mit ganz anderen Augen. Mit einer feinen Dosis Selbstironie regen ihre Texte und Aphorismen mal zum Schmunzeln, mal zum Nachdenken an. Aber Vorsicht: Ihre Welt wird nicht mehr die Gleiche sein, wenn Sie „Sieh es doch mal bunt" gelesen haben…

Rita Meier wurde am 16. Dezember 1960 in Unna/Westfalen geboren. Nach Ihrem Sprachenstudium arbeitete sie viele Jahre als Back-Office-Managerin, Innendienst- und Seminarleiterin in Köln. Nach einem burn-out vor einigen Jahren hat sie nun das Schreiben für sich entdeckt. Eine Passion, so sagt sie, die immer in ihr geschlummert hat. Und der sie jetzt Raum gibt.

Rita Meier

Sieh es doch mal bunt!

Was passiert, wenn Du einfach mal den Blickwinkel
änderst?

Bibliografische Information der Deutschen Nationalbibliothek:

Die Deutsche Nationalbibliothek verzeichnet diese Publikation in der Deutschen Nationalbibliografie, detaillierte bibliografische Daten sind im Internet unter http//dnb.dnb.de abrufbar.

© Rita Meier 2015

Alle Rechte vorbehalten.

Herstellung und Verlag

BoD – Books on Demand, Norderstedt

ISBN 978-3738658323

Dein Leben ist wie ein Baumstamm.

Erst zart und gebrechlich, dann immer kräftiger und stärker werdend.

Die Macken und Schrammen sind ehrlich verdient und machen Dich unverwechselbar.

Die Tür als eine neue Möglichkeit

So eine Tür ist schon eine interessante Erfindung. Ein flächiges Gebilde, das eine zum Durchgehen geschaffene Öffnung verschließt. Ist das in sich nicht schon paradox? Wieso schafft man einen Durchgang, wenn er unter Verschluss gehalten wird?

So viele verschiedene Arten von Türen: Holztüren, Metalltüren, Drehtüren, Falltüren, Tore, Portale, verschlossene Türen, offene Türen und natürlich die Tür zum Glück...

Das Leben ist halt eigensinnig. Nicht alle sollen durch die gleichen Türen gehen. Manche öffnen sich von allein und laden zum Eintreten ein. Vor anderen Türen stehst Du erst mal wie ein Ochse vorm Berg und überlegst: Soll ich oder soll ich nicht? Hinter welcher Tür verbirgt sich der Große Preis? Ist es eine richtige Tür oder eine falsche? Gibt es überhaupt richtige und falsche Türen? Was öffnet eine Türe? Eigentlich ist es ganz einfach: Es gibt kein richtig oder falsch – es gibt nur Möglichkeiten.

Eine ganz spezielle Tür ist die Drehtür. Ich persönlich mag sie eigentlich nicht wirklich. So mancher geht mit großem Schwung hinein – und stolpert an der gleichen Stelle wieder hinaus, an der er eingetreten ist. Ist mir auch schon öfters passiert. Manche Drehtüren sind aber auch so gemein, dass sie sich als normale Türen tarnen. Du merkst dann gar nicht, dass Du Dich im Kreise drehst. Bis Dein Gehirn Dir dann plötzlich mitteilt: Hey, Du Nixmerker, hier warst Du doch schon einmal. Mir ist das im Leben so oft passiert, dass ich jetzt Drehtüren meiden werde. Sie bringen mich nicht weiter. Das ist so, als wenn Du auf dem Weg immer über den gleichen Stein stolperst. So eine Art "running gag" im Leben. Ich weiß, dass der Stein da liegt. Ich gehe schon mal drum herum, weil ich ihn ja sehe. Ist aber auch nicht des Pudels Kern.

Eigentlich sollte ich mal 'nen neuen Weg ausprobieren. Macht echt mehr Sinn. Findest Du nicht auch? Also, Drehtüren sind doof.

Wo lang geht's quer?

Geradeaus kann jeder. Mal rechts und links danebentreten, das ist schon ein Anfang. Einfach mal abbiegen oder sogar quer laufen erfordert schon etwas Mut. Denn wir wissen ja nicht, wo der Weg hinführt. Die betonierten Wege sind natürlich einfach und bequem. Man macht sich die Schuhe nicht dreckig. Weiß vorher schon, wie lange der Weg dauert, bis man am Ziel ist. So trottet die graue Einheitsherde einer dem anderen hinterher, ohne den Blick zu heben. Wozu auch. Gibt ja nichts Aufregendes zu sehen. Außerdem ist Aufregung nicht gut.

Und trotzdem ist da ab und zu einer, der den Kopf hebt und den ausgetretenen Pfad freiwillig verlässt. Von Neugier getrieben. Mit einer kindlichen und unstillbaren Wissbegier. Ein kleiner Rebell wenn man so will. Die berühmte Ausnahme, die die Regel bestätigt. Allein macht er sich auf einen fremden Weg, ohne zu wissen, wohin die Reise geht. Dabei ist er ganz aufmerksam. Bleibt öfters stehen und betrachtet seine Umgebung genau. Schlüpfen wir doch einfach mal in die Rolle dieses kleinen Rebellen. Denk Dich mal hinein in ihn. Was spürst Du? Du öffnest automatisch erstmal Deinen Blick, lässt Deinen Kopf schweifen und siehst Dir an, was Dich umgibt. So genau hast Du noch nie hingesehen. So hast Du das Ganze noch nie betrachtet. Stell Dir einen Baum vor. Von weitem ein grüner Fleck. Je näher Du kommst, desto mehr Details erkennst Du. Du siehst den Stamm mit seiner dicken Rinde. Er strahlt Kraft und Stärke aus. Du fühlst Dich von ihm angezogen. Dein Blick wandert höher und entdeckt das verschlungene Astwerk mit dem schon unverschämt üppigen Blätterdach. Fühlst Du Dich auch auf einmal so geborgen? Selbst wenn es jetzt zu regnen beginnt, unter dem Blätterdach hast Du Schutz.

Nachdem Du tief durchgeatmet hast, gehst Du weiter. Plötzlich liegen immer mehr Steine im Weg. Sie werden immer größer, Du musst schon drüber klettern. "Na, so habe ich mir das mit dem Querlaufen aber nicht vorgestellt" denkst Du. Mensch, dann geh doch einfach drum herum. Oder geh' einfach woanders lang, wenn es Dir zu mühselig ist. Das ist nun Deine Entscheidung. Du weißt nicht, was Du verpasst, wenn Du oben auf den Felsen angekommen bist. Du weißt aber auch nicht, wohin Dich das "woanders lang" hinbringt. Ja, ja – das ist so eine Sache mit den freigewählten Wegen – irgendwann muss man sich hier entscheiden. Rechts oder links. Geradeaus oder rauf oder runter. Da war der betonierte Weg der grauen Einheitsherde doch einfacher. Aber willst Du dahin jetzt zurück? Nein, denn Du hast eine innere Freiheit gefunden, die Du nicht mehr aufgeben wirst. Unvorhergesehenen Wendungen wirst Du immer wieder begegnen. Mit scheinbar unlösbaren Aufgaben konfrontiert. Aber wenn Du Dich an einem reißenden Fluss ohne Brücke erst mal hinsetzt und die Situation ganz ruhig angehst, wirst Du auch eine Lösung zur Überquerung des Flusses finden. Ganz bestimmt. Und auf der anderen Seite angekommen könntest Du vor Glück heulen. Erzähl das jetzt mal der grauen Einheitsherde – sie werden sich die Hand vor den Mund halten vor Furcht, den Kopf über so viel Unvernunft schütteln und danach den betonierten Weg weitergehen und vergessen. Die Richtung, in der sich jemand Gedanken über etwas macht, entspricht seiner geistigen Grundhaltung. Lass also einfach mal öfter den kleinen Rebellen in Dir raus und lauf einfach los…

Bitte schön, danke schön.

Ein herrlicher Morgen ist das heute. Blauer Himmel, die Sonne scheint und es ist noch nicht zu warm. Ich schnapp mir meinen Hund Merlin und los geht's. Hier bei uns gibt es viele schöne Wege. Heute nehme ich mal den Weg am Wald lang. Ist auch ein Radweg. Ich bin gerade ein Stückweit unterwegs, da spüre ich nur noch einen heftigen Windzug von dem Mountainbiker, der – natürlich ohne zu klingeln – von hinten an mir vorbeirauscht. Ich zucke richtig zusammen und als ich mich vom Schreck etwas erholt habe, ist er längst hinter der nächsten Kurve verschwunden.

Ein paar Minuten später kommt mir ein Sportler in einem Sitzfahrrad entgegen. Brav rufe ich meinen Hund und stelle mich mit ihm an den Wegesrand, so dass der Fahrradfahrer ungehindert passieren kann. Beim Vorbeifahren schaut er mich ganz böse an. Habe ich im aus Versehen die Zunge herausgestreckt? Nicht, dass ich wüsste.

Heute möchte ich mir mal ein ausgiebiges Frühstück gönnen. Beim Bäcker meines Vertrauens wird mir ein ziemlich harsches "Guten Morgen" entgegengeworfen. Ich ducke mich schnell, ehe die Worte an meinem Kopf eine Beule hinterlassen und sehe zu, dass ich diesen Ort zügig wieder verlassen kann.

Auf dem Rückweg nach Hause kommt mir wieder ein Radfahrer entgegen. Brav nehme ich meinen Hund zur Seite und wir machen Platz am Wegesrand. Ich bin einfach unermüdlich. Und plötzlich geschieht das fast Unfassbare – ich sehe ein Lächeln und höre ein "Danke schön". Völlig verdattert erwidere ich ein "Bitte schön".

So ist das eben mit der Höflichkeit. Für viele Menschen mittlerweile ein Fremdwort. Nur der Ellenbogen zählt.

Wozu also Energie verschwenden für solche Floskeln? Ganz ehrlich? Weil man einem anderen damit auch eine kleine Freude machen kann. Einem völlig Fremden seine Wertschätzung zeigen kann. Wenn man dann noch mit einem Lächeln belohnt wird – dann war dieser Energieeinsatz doch nicht umsonst.

In diesem Sinne – Danke schön für's Lesen….

Glück ist doof

Wer glücklich ist, ist auch erfolgreich. Das behaupten zumindest die Medien. Schenk Dir Glück ein. Kauf Dir ein Stück Glück. Dusch Dich glücklich. Iss Dich glücklich. Trink das und Du bist glücklich. Glück ist erstrebenswert. Nur glückliche Menschen haben ein gutes Leben.

- Muss man Glück kaufen?
- Kann man es kaufen?
- Sollte man es kaufen?
- Wozu brauche ich es?
- Was nützt es mir?
- Bringt es mich in meinem Leben weiter?
- Was ist Glück denn eigentlich?
- Glück macht nicht zufrieden. Es macht träge. Setzt das Gehirn in einen „stand-by-modus".

Ist Glück also wirklich erstrebenswert?

Ich finde, Glück wird überbewertet. Glück ist doof.

Es mag Menschen geben, die scheinen das Glück gepachtet zu haben. Sie sind immer fröhlich, zufrieden mit sich und der Welt und führen ein erfülltes Leben. Wo immer sie aufkreuzen, verströmen sie gute Laune. Wir alle kennen solche Menschen. Manchmal machen sie uns neidisch, weil ihnen das Leben nur Gutes beschert. „Dem strahlt die Sonne aus dem Po" – so beschreiben wir diese sorglosen Mitbürger gerne. Und was strahlt uns aus dem

Allerwertesten? Bestenfalls eine Phase, in der wir keine Darmprobleme haben.

Glücksmenschen erzählen von Haarshampoos, die ihre Kopfhaut befreien. Es gibt Lebensmittel, die ihren Bauch froh machen. Wenn sie diesen Tee trinken, fühlen sie sich in der türkischen Lounge zuhause. Sie kaufen nur diesen Champagner, der so gut schmeckt, weil er teuer ist. Sie können es sich leisten. Sie können lachen über Menschen, die das alles nicht nachvollziehen können, wie leicht es ist, glücklich zu sein. Lachen ist die beste Medizin. Aber wofür, denn sie sind ja niemals krank. Sie lachen trotzdem, so laut, bis ihnen die Luft wegbleibt.

Glück ist ein täglicher Wettkampf. Noch mehr Glück. Will immer glücklich sein. Hetze dem Glück hinterher. Hechel, hechel. Brauche mehr Dopamin und Serotonin. Schnell eine Glückspille einwerfen. Glück ist ein flüchtiges Gas – kaum spürt man es, ist es schon wieder weg. Ohne Glück geht mein Leben nicht mehr. Glückssträhne ist toll, Glück gehabt. Glück ist eine Droge. Macht schnell abhängig. Glück auf Vorrat – egal zu welchem Preis. Im Glücksrausch sein…Glück ist doof.

Was ist eigentlich Glück? Ein vom Zufall abhängiges Wohlgefühl. Ein kurzer Zeitabschnitt, in dem wir uns in einer wunschlosen Gemütsverfassung befinden. Eine bestimmte Situation, die wir nicht selbst beeinflussen können. Ohne eigenen Verdienst eine glückliche Wendung der Dinge erleben.

Zunächst einmal eine wirklich tolle Sache. Vor allem für Kinder. Die können das so richtig wertfrei genießen. Meist sind es kleine Dinge, die Kinder unbändig glücklich machen. Beneidenswert. Je älter wir werden, desto mehr verlernen wir das wahrhaftige Glücksgefühl.

Warum eigentlich? Die Unbeschwertheit des Seins geht uns mehr und mehr abhanden. An dessen Stelle treten Ängste und Sorgen, die die feinen Poren verstopfen. Last und Bürden des täglichen Lebens besetzen immer mehr Raum. Wann hast Du Dich das letzte Mal unbeschwert gefühlt? Hast Du Dich dabei ertappt, etwas Glück erzwingen zu wollen? Hast Du Dir auch ein Stückchen Glück gekauft? Große Erwartung – klappt aber nicht?

Weißt Du, das kenne ich. Auch ich versuche oft, eine glücklose Leere zu stopfen. In privater und beruflicher Hinsicht sind mir in den letzten 20 Jahren viele traurige Dinge passiert. Da scheint mir aber noch nicht einmal mehr ein Funken Licht aus dem Po.

Das will ich jetzt ändern. Ich habe auch schon eine Idee. Ich warte nicht länger auf das Glück! Mit „Sieh es doch mal bunt" habe ich den ersten Schritt getan.

Der schwarze Balken

Der bekannte Maler Bob Ross hat in seiner Sendung „The joy of painting" einmal gesagt: *„There are no mistakes but only possibilities"*. Es gibt keine Fehler, nur Möglichkeiten.

Diesen Satz sollte man sich echt mal auf der Zunge zergehen lassen.

Stell Dir vor, Du malst voller Hingabe ein Bild. Weißt genau, wie es aussehen soll. Dann rutscht Dir der Pinsel aus – und genau im blauen See prangt auf einmal ein schwarzer Balken. Na supi, denkst Du Dir. Dafür die ganze Arbeit. Alles für die Katz. Du ärgerst Dich schwarz – genauso schwarz wie der Balken ist. Traurigkeit zieht ein. Vielleicht fließen sogar ein paar Tränen.

Bevor Du jedoch dem Leben völlig abschwörst, halt mal kurz inne.

Was wäre denn, wenn genau an dieser Stelle ein Baum wächst? Mit etwas Ufer drum herum. Und kleinen Büschen, ein paar Blumen….

Wir nehmen also den Pinsel und tunken ihn in eine schöne gesunde leuchtend-grüne Farbe. Dann bekommt der blöde schwarze Balken erst mal ein paar grüne Blätter. Sieh mal an – es wird ein Baum. Der sieht ja gar nicht so schlecht aus. Au ja, und unten am Stamm da könnten ein paar bunte Blumen wachsen. Hey – gar nicht übel. Und noch etwas rot, etwas blau und natürlich gelb – gelbe Blumen sind so frisch. Um die Blumen herum wächst auf einmal noch etwas Wiese. Seicht im Gefälle neigt sich das Ufer in den See. Jetzt werden wir aber echt mutig – der Baum muss sich im Wasser noch spiegeln. Na klar. Also nehmen wir wieder den Pinsel und wischen etwas hin und her (wie Bob Ross es in seiner einzigartigen Technik beherrscht wie kein anderer)...

.... merkst Du was?

.... keine Fehler, nur Möglichkeiten.

Stellen wir uns also unser Leben nun einfach mal als Leinwand vor. Jungfräulich und blütenweiß steht sie vor uns und wartet auf Farben und Motive. Hast Du das Bild vor Deinem geistigen Auge? Gut, dann weiter.

Auch ich habe zunächst als Kind vor einer weißen Leinwand gesessen. Vorstellungen hatte ich schon, wie es einmal aussehen soll. Schön bunt und harmonisch sollte die Lebensleinwand einmal sein.

Und dann machst Du Deinen ersten Pinselstrich – juchuu, und der geht voll in die Hose. Da wollte ich ihn doch gar nicht haben und die falsche Farbe habe ich auch noch genommen. So, also diese Tür ist nun schon mal zugefallen. Und jetzt? Andere Farbe, neues Glück. Eine neue Türe öffnet sich.

Übrigens: Das mit den Türen ist im Leben auch so eine Sache. Die gehen auf und zu, egal ob Du Dich bewegst oder einfach nur im Lehnstuhl sitzt – das nur mal so am Rande.

So malen wir also in unserem Leben munter drauflos. Der eine malt abstrakt und drückt sich mit Farben aus. Der andere hält sich strikt an Formen und zeichnet absolut realistisch.

Leben ist malen ohne Radiergummi.

Ich habe Stopp gesagt

Das Telefon klingelt. Habe schon eine Ahnung, wer das sein kann. Eine sehr bestimmende "möchte-gern-Autorität". Ohne auch nur Hallo oder die Tageszeit zu nennen rattert die sonore Generalsstimme sofort los. Der nächste Tag wird über mich hinweg terminiert: "Du bist dann gegen 09.00 Uhr da." Punkt. Kein "können wir" oder "sollen wir", nein. Du bist da. Schluss. Aus. Amen. Das Telefonat ist beendet.

Ich habe ein ziemliches Magengrummeln. Schaue aus dem Fenster – wie gelähmt. Nicht schon wieder, denke ich mir. Ich bin es leid. Was habe ich letzte Woche über Räume gelernt? Dass man sich den Raum nimmt, den man braucht. Ich darf das auch. Mein Bedürfnis nach Raum ist ziemlich groß im Moment. Ich habe ihn sogar in der Realität aus Seilen gestaltet. In einer Nische habe ich meinen Sitzplatz auf einem Kissen gewählt. So kann ich meinen Raum gut überblicken. Keiner kann unbemerkt in meinen Raum eindringen, ohne dass ich ihn vorher kommen sehe. Ich bin stolz auf diesen großen Raum und betrachte ihn wie ein Großgrundbesitzer. Diesen gestalteten Raum muss ich nun nur mit in mein Leben nehmen. Gar nicht so einfach. Wenn man immer nur funktioniert hat, fällt es schwer, sich Raum für sich selbst zu nehmen, gar zu beanspruchen. Ich muss erst einmal ein Gefühl dafür bekommen.

Nun überlege ich, wie ich das Magengrummeln loswerden kann. Eigentlich muss ich mich nur entscheiden, das Wort Stopp zu sagen. Dieses Wort habe ich für mich selbst als ein Mantra auserkoren. Ich assoziiere damit das Verkehrs-Stoppschild. Es ist sehr eindringlich und absolut präsent.

Und auf einmal passiert es. Mein Herz klopft ganz dolle, als ich zum Telefonhörer greife (ja, es gibt noch Telefone mit Hörer…). Ich wähle die Nummer und die Generalsstimme meldet sich in ihrer gewohnt liebensgewürzigen Art. Dann sage ich das Wort. Zunächst verpacke ich es natürlich in ein freundliches Mäntelchen, damit es nicht so nackt rüber schießt. Ich kann ja schließlich auch nett Stopp sagen. Und dann folgt — … Stille…Ist da noch jemand? Hallo?

Ich spüre förmlich, wie mich das Erstaunen auf der anderen Seite durch den Telefonhörer anspringt. Ist da jetzt jemand völlig platt? Es hat glatt den Anschein. Ist man ja auch nicht gewohnt von mir. So eine Respektlosigkeit aber auch. Das Gespräch ist beendet.

Es geht mir besser. Der Magen grummelt nicht mehr. Ich fühle mich befreit. Ich habe meinen Raum verteidigt. Ich habe Stopp gesagt….

Du bist stärker, als Du glaubst.
Vertrau' auf Deine innere Kraft!

Erhellende Aussichten

Wer kennt nicht die Schildbürger, die nach Fertigstellung ihres neuen Rathauses feststellten, dass sie die Fenster vergessen hatten? Immerhin hatten sie an einen Ein- und Ausgang gedacht, durch eben welchen sie nun versuchten – mit wohl eher minderem Erfolg – das Licht hineinzutragen. Eben der berühmte Schildbürger-Streich. Fenster wären die bessere Lösung gewesen. Eine durchsichtige Öffnung in einer Mauer. Die -so oft man will- geschlossen und zum Lüften geöffnet werden kann. Fenster benutzt man auch gern, um Geld durch die selbigen zu schmeißen. Ihre Hauptaufgabe ist es aber schon, Licht, Luft und Sonne in einen Raum hineinzulassen.

Und dann gibt es da diese Tage, da schaut man aus dem Fenster, und alles ist grau. Der Himmel ist verhangen, es ist diesig und neblig, die Bäume kann man gar nicht mehr erkennen. Die Einstrahlung des Lichts hält sich doch sehr in Grenzen. Bescheidene Aussichten – im wahrsten Sinne des Wortes. Irgendwie ist im Moment draußen immer schlechtes Wetter. Trübe Wolken und Regen, kein bisschen Sonne. Bin schon ganz deprimiert.

Dann habe ich eine Eingebung. Was, wenn es gar nicht an der Welt "da draußen" liegt? Ich gehe also erst mal ins Badezimmer und wasche mein Gesicht kräftig mit Wasser. Ich trockne mich ab, und -siehe da- das Licht wird schon heller. Ein Schleier vor den Augen hat alles eingetrübt. Ich wage erneut einen Blick aus dem Fenster – schon besser. Aber irgendwas ist noch nicht richtig. Andeutungsweise kann ich einen blauen Himmel, Wiese und Bäume erkennen. Ich hole einen Eimer Wasser und einen Schwamm. Dann beginne ich, das Fenster zu putzen. Ich habe nämlich gemerkt, dass draußen gar kein so schlechtes Wetter ist. Es ist einfach der Bequemlichkeitsdreck auf meinem Fenster, der mir den Blick vernebelt. Da brauche ich mich ja nicht zu wundern, dass vor meinen Augen stets eine Einheitswolke hängt.

Yep, schau mal – das Wetter vor dem inneren Auge ändert sich schlagartig. Die trübe Wolkensuppe ist einfach weggeputzt. Es liegt eben nicht immer nur an dem Wetter da draußen, wenn man schlecht sieht oder die Aussicht nicht schön ist.

Manchmal ist es halt nicht das Haar in der Suppe, sondern die Suppe selbst....

Wer sagt, es hätte schon alles gesehen, hat bisher einfach nicht richtig hingeguckt.

Warum einfach?

Ich gehöre ja eher zu den Menschen, die es sich manchmal kompliziert machen. Also wenn ich eine Fliege fangen will, jage ich sie unter den Tisch und säge dann die Tischbeine ab. Neulich habe ich bemerkt, dass ich Salz- und Pfefferstreuer beim Nachfüllen inhaltlich verwechselt habe. Ihr denkt jetzt natürlich: Ja und? Dann wechsel' doch einfach die Streudeckel aus und schon stimmt's wieder. Und was mache ich? Ich bereite erstmal ein kleines Operationsfeld mit zwei extra-saugstarken Küchentüchern vor, schraube die Deckel ab, schütte den jeweiligen Inhalt auf ein Küchentuch, und führe Pfeffer und Salz in ihre dazu bestimmten Dosen zurück. Zur Information: Die beiden Dosen sind absolut identisch – außer dem Deckel und den verschieden großen Öffnungen. Das also dazu. An dieser Stelle darf jetzt ruhig mal ausgelassen gelacht werden.

Nun ist es jedoch so – das will ich zu meiner Verteidigung anmerken – dass die komplizierte Handhabung mancher Dinge auch bereichernd sein kann. So hat die Gewürzumfüllaktion mir einen herzzereißenden Nieser entlockt – ob der Schärfe des Pfeffers – der so befreiend war, dass ich danach das Gefühl hatte, 4 km gejoggt zu haben (oder. gejoggt zu sein?). Auch die Tischbeine vom Fliegenfangen kann ich wunderbar verwerten. Sie werden nächstes Jahr im Garten für die Stabilität meiner Tomatenpflanzen sorgen.

Es lohnt sich meines Erachtens, manche Dinge nicht immer nur gemäß dem "Schema F" anzugehen. Ab und zu mal die Taktik ändern schafft völlig neue Erfahrungen. Und die können manchmal so richtig Spaß machen. Von der Erkenntnis "So habe ich das noch gar nicht gesehen" bis zum Entschluss "Das mache ich jetzt immer so" ist alles drin.

Lasst euch doch mal von euch selbst überraschen….

Gut gefurzt, Hering

Das mit der Kommunikation ist so eine Sache. Verschiedene Sprachen, Gesten, die überall was anderes bedeuten können. Manchmal ganz schön unverständlich, unsere Kommunikation. Die Heringe haben's da echt raus. Die kommunizieren miteinander, indem sie sich gegenseitig anfurzen. Unter Wasser hat das unbestreitbare Vorteile. Mit dem Sprechen ist es da nicht so dolle. Und da sie nicht miteinander sprechen können, haben sie sich eben was anderes ausgedacht. Voll genial finde ich das. So eine Art Einheitssprache, die jeder Hering versteht, egal woher er kommt. Da kann ein Hering aus Deutschland mit einem eingereisten – äh eingeschwommenen – Artgenossen aus weiter Ferne ohne Sprachbarrieren eine anregende Unterhaltung führen. "Wie war denn die Reise, pubs". "Ach ganz angenehm, pubs. War halt manchmal Heringsstau, aber das kennt man ja, pubs". "Wie geht es denn der Familie, pubs?". "Die ist zu Hause geblieben, ich mache dieses Jahr mal alleine Urlaub, pubs".

Man stelle sich vor, welch Blasengeblubber an der Stelle hochsteigt, an der sich die Flossenbesitzer unterhalten. So manch Zweibeiner mag denken, eine Wasserleiche entdeckt zu haben...

Nun behaupte ich nicht, die Universalsprache schlechthin entdeckt zu haben. Aber sie hätte etwas von Dr. Doolittle. So brauchte man keine Mausefallen mehr aufstellen, sondern der Maus mit einem beherzten Furz einfach klarmachen, dass man sie im Hause nicht haben möchte. Oder die Kühe könnten dem Bauern per Darmgeräusch ihren bevorzugten Musikgeschmack mitteilen. Fachbücher zum Thema "Hundeerziehung leicht gemacht" wären hinfällig. Ein riesengroßer Markt mit Milliardenumsätzen wäre seiner Daseinsberechtigung beraubt. Viele "Möchtegern-Tierflüsterer" aller Art arbeitslos.

Das ist bestimmt auch der Grund, weshalb diese Universalsprache in der Area 51 seit Jahrzehnten unter strengster Geheimhaltungsstufe verleugnet wird.

Was aber ist mit den uns allseits bekannten Sesselfurzern – sind die uns übrigen Normalsterblichen da einen Riesenschritt voraus? Vielleicht verraten sie sich irgendwann mal – wir sollten öfters auf das Bauchgluckern hören….

Mein Wackelbrett

Was ist denn nun ein "Wackelbrett"? Jeder, der in der letzten Zeit mal im Fitness-Studio war, hat das bestimmt schon mal gesehen. Und vielleicht sogar mal ausprobiert. Mit diesem Teil stählt man weder seine Muskeln, noch garantiert es, 10 kg pro Nutzung abzunehmen. Es steht zumeist nicht im absoluten Fokus der zum modernen Gladiator ausbildenden Geräte, sondern allein und unspektakulär etwas im Abseits. Eine Platte aus Fiberglas, aufgehängt an zahlreiche Federn (also die Stahl- nicht die Vogelvariante), mit Haltegriffen. Sobald man aufsteigt, wackelt das Ding hin und her. Man ist also angehalten, das Gleichgewicht zu finden. Kleine Hilfestellung sind die Haltestangen, damit man nicht gleich umkippt. Beim ersten Mal ist mir das fast passiert. Gleichgewicht gleich null. Die Platte unter mir hat gewackelt wie ein Lämmerschwanz. Ich fühlte mich von zahlreichen Augenpaaren beschossen und stieg beschämt ab.

Dabei habe ich früher so viel Sport gemacht. War ein echter Sportjunkee. Reiten, Basketball, Fitness, Tennis – die komplette Freizeit ging drauf. Bis ich keine Freizeit mehr hatte. Der Beruf hat mich mehr und mehr aufgefressen. "Wollen Sie sich nicht ein Feldbett im Büro aufstellen?" Haha, sehr unterhaltsam, die Kommentare von damals. Jedenfalls habe ich alles gegeben, um besser als gut zu sein. Ohne Rücksicht auf mich selbst. Für meinen geliebten Sport war bald keine Zeit mehr. Und so geriet ich – in einem schleichenden Prozess – mehr und mehr aus dem Gleichgewicht.

Als ich es bemerkte, war ich längst umgefallen.

Viele, viele Jahre ohne Gleichgewichtssinn. Alles war aus dem Ruder gelaufen. Keine Mitte mehr. Jede Anstrengung fokussierte sich nur auf "rechts ausbalancieren, links ausbalancieren, Vorsicht - nicht nach hinten kippen, Achtung nicht vornüber…" und trotzdem immer wieder auf die Schn… fallen.

Und dann kommt da auf einmal dieses "Wackelbrett". Rein physisch klappt das schon ganz gut. Je nach Tagesform. Mental hinkt mein seelisches Gleichgewicht noch etwas nach. Aber gestern ist etwas Tolles passiert. Was zunächst eigentlich erstmal gar nicht erfreulich war: Ich war mit meinem Hund unterwegs. (also das ist natürlich sehr erfreulich). Auf halben Wege sah ich zwei Menschen nebst ihren Hunden, mit denen bis vor einigen Monaten nicht nur so mancher Spaziergang, sondern auch manch ehrliches Wort geteilt worden war. Der eine lud mich einen Tag vorher von einer Festivität wieder aus (ach, es kommen schon so viele…). Den anderen Menschen hatte ich Wochen später bei etwas ertappt, was er eigentlich vehement als "unmögliches Verhalten" sanktioniert. Man sah mich also auf dem Feldweg entgegenkommen – und es folgte ein kollektives "Kehrt marsch". Wie billig ist das denn, bitte schön? Zuhause angekommen, war auch die Post mir inhaltlich nicht gewogen an diesem Tag. Wäääh…..

Aber dann passierte schließlich das Tolle: Es überkam mich eine stoische Zufriedenheit. Ich lag schon im Bett, kostete jeden Zentimeter der Liegefläche aus, bemerkte ein breites Lächeln auf meinem Gesicht und fühlte mich befreit. Konnte Durchatmen. Mein Leben hatte sich zu mir gelegt. Es lachte mich an und sagte: "Schmeiß allen unnötigen Ballast weg, Du brauchst Dich mit solchen Nichtigkeiten nicht beschäftigen. Benutz' Dein Herz, Deinen Kopf und folge Deiner Bestimmung."

Ich habe mein Leben umarmt und wir schliefen nebeneinander ein. Völlig im Gleichgewicht.

Gefühle sind bunt

Ich habe mir das mal so durch den Kopf gehen lassen. Und herausgefunden, dass wir eigentlich ein sehr buntes Gefühlsleben haben. Jeder von uns. JEDER!!! So ärgert sich doch jeder mal schwarz, läuft rot an vor Wut, ist gelb vor Neid oder erlebt sein blaues Wunder. Der Farben sind sicher noch mehr hinzuzufügen. Da gibt es aber doch echt kein schwarz-weiß-Leben mehr, oder?

Bereits im Mittelalter teilte man Farben bestimmten Organen oder Krankheiten zu. So war schwarz zum Beispiel die Farbe des Todes. Auch von der Pest gezeichnete Menschen wurden augenscheinlich vom Hautbild eher schwarz ob der vielen Pusteln. Die Farben gelb und grün drücken neidische Empfindungen aus. Die rote Wut lässt den Blutdruck steigen und erhöht damit die Herzfrequenz; Adrenalin wird vermehrt ausgestoßen. So ist jedes Gefühl auf seine Art mit unseren Organen eng verbunden und ruft bestimmte Reaktionen hervor.

Im Alltag begegnen wir in launiger Kontinuität solchen "Farberlebnissen". Niemand kann sich davor verstecken, keiner ist davor gefeit. So mancher wünscht sich, immun gegen den ein oder anderen "Farbangriff" zu sein. Um Ruhe zu haben. Um die Organe zu schützen. Getreu den Worten des griechischen Mathematikers Archimedes "Störe meine Kreise nicht". Ist zunächst mal nichts gegen einzuwenden. Ich persönlich mag es auch nicht, wenn meine Kreise gestört werden. Was aber ist die Alternative? Die völlige Askese? Fern ab jeglichen Daseins?

Habe ich gemacht. War für mich das "non-plus-ultra". Eine tolle Mauer. Keiner hinein. Aber ich auch nicht hinaus. Farben nur noch in der Vorstellungskraft und Phantasie. Natürlich nur, um die Organe zu schützen. Selbstverständlich. Wozu denn sonst?

Jetzt habe ich jedoch jemanden kennengelernt. Im Ernst. Ich war völlig perplex, als es vor mir stand. "Hallo, ich bin Dein Leben. Wir haben uns lange nicht gesehen. Ich freue mich, Dich wiederzusehen."

Nun freue ich mich wieder auf die wundervollen Farben des Lebens. Ich weiß, dass so manche Farbe mir nicht gut tun wird, aber dafür gibt es viele andere Farben, die mich erfreuen werden. Das weiß ich jetzt. Ich bin zuversichtlich. Und mein Leben macht mir Mut. Es hat mich bei der Hand gefasst und gesagt: "Zusammen sind wir stark."

Nahezu unfassbar, dass ich mir wieder erlauben kann, zu fühlen. Und die Farben sind einfach überwältigend. Ich habe meine Buntstifte wieder ausgebuddelt…

Maskenball

Mal ehrlich, wann wart ihr das letzte Mal auf einem Maskenball? Wetten, dass das noch gar nicht so lange her ist?

Jeder hält sich dann und wann eine Maske vor das Gesicht. Keiner kann sich davon freisprechen. Und das nicht nur zu Karneval oder ähnlichen Gelegenheiten. Ich meine das ganz normale Leben.. Eine Maske kann schützen, verwandeln, verstecken oder anpassen. Je nachdem, was gerade gebraucht wird.

Mein Vorrat an Masken ist erheblich. Ich habe einen ganzen Schrank voll. Sorgsam habe ich sie viele Jahre gepflegt. Hin und wieder kam eine dazu. Natürlich gibt es Lieblingsmasken. Am liebsten habe ich immer die gepflegte und hübsch geschminkte Maske der funktionierenden und leistungsbeflissenden Mitarbeiterin getragen. Sie war so ohne Ecken und Kanten, einfach perfekt. Jeden Abend, wenn ich nach Hause kam, habe ich sie ausgezogen. Das war jedes Mal ein wunderbares Gefühl, denn über Tag begann die Maske heftig zu drücken und hinterließ unschöne Risse auf meiner Haut.

Vielen Menschen trat ich nur mit der Maske des Versteckens entgegen. Dazu gehörten die Menschen aus meinem engsten Umkreis. Oberste Maxime war es, dem Bild eben dieser Menschen zu entsprechen. Wie armselig. Aber es war kräfteschonend für mich.

Jetzt habe ich mir meinen Schrank mit den ganzen Masken mal angesehen. Ganz ehrlich – mich hat's geschüttelt. Mir war nicht bewusst, dass es im Laufe der Jahre so viele geworden sind. Einige sind dabei, die ich schon lange nicht mehr getragen habe. Aus manchen bin ich rausgewachsen. Also – die kommen mal zuerst auf den Müll. Wozu sich mit unnützem Kram die Ecken vollstopfen? Großer Müllsack her und hinein damit. Wie sagt der Kölner: "Kenne mir nit, bruche mir nit – fot damit".

Ganz schön anstrengend. Schweißperlen sammeln sich auf meiner Stirn. Ein Taschentuch ist griffbereit, ich wische – aber ich spüre nix. Was ist denn nu' los? Ich gehe ins Badezimmer und gucke kritisch in den Spiegel. Wieso hat mein Gesicht auf einmal Ränder? Sind mir bisher noch gar nicht aufgefallen. Ich piddele mit den Fingernägeln an den Seiten herum und siehe da – etwas löst sich. Das Ding lässt sich abziehen. Aua, das tut aber mächtig weh. Da hängen ja noch Hautfetzen dran. Menno. Mit diesem Teil scheine ich aber sehr verwachsen gewesen zu sein.

Jetzt kommt wieder Luft an meine Haut, sie kann atmen. Ein sehr befreiendes Gefühl. Das Tolle ist – es geht auch echt ohne. Zwar sehr ungewohnt am Anfang – vor allem für die Mitmenschen. Die kennen mich ja so "ungeschminkt" gar nicht. Gar mancher wendet sich von mir ab. Zu bequem, das maskenlose Gesicht kennenzulernen. Und makellos ist es eben auch nicht mehr....

Aber mir gefällt's. Ich lerne mich selber neu kennen, und das ist echt spannend. Für alle Fälle habe ich mir eine kleine Clowns-Maske behalten – für den nächsten Maskenball...

Ziel erreicht?

Ziele sind eigentlich erstrebenswerte Endpunkte, an die man gelangen möchte. Zahlreiche Aphorismen – wie z.B. „der Weg ist das Ziel" – ermuntern zum Aktiv-werden. Wer sich ein Ziel setzt, hat einen unumstößlichen Plan gefasst, den man in naher Zukunft verwirklichen will.

Nun sind Ziele an sich manchmal recht tückische Wesen. Haben wir sie gerade noch im Blick, beginnen sie aus reiner Bosheit auf einmal hin- und her zu tänzeln. Verstecken sich hinter Bequemlichkeitsmauern, lugen wieder hervor, laut lachend ob unserer hektischen Augenbewegungen. "Lass Dein Ziel bloß nicht aus den Augen" beschwören uns sehr zugeneigte Menschen bereits in jungen Jahren. "Hab Dein Ziel immer im Blick" oder "Du musst immer ein Ziel im Leben haben".

Nett gemeint, aber nicht immer einfach. Da nimmt man sich morgens nach dem Aufstehen ganz fest vor: Heute nehme ich mir mindestens eine halbe Stunde Zeit, um auf meinem Weg Richtung Ziel weiterzukommen. Tja, und dann passiert das Übliche – es regnet. Oder unsere Uhr ist stehengeblieben, und es ist später, als wir denken. Oder wir bekommen unangemeldet Besuch.... Aus die Maus – aber wir haben es doch versucht, gell?

Nun wollen wir aber wenigstens ein Ziel erreichen in unserem Leben. Welches auch immer. Das entscheidet jeder für sich. Die Vorfreude auf das Gefühl, ein Ziel erreicht zu haben, schläft nicht. Also versuchen wir es jeden Tag aufs Neue. Und das ist o.k. Es gibt jedoch Menschen, denen geht es nicht schnell genug. Die möchten jeden Tag hören, dass sie ihr Ziel erreicht haben. Und die kaufen sich einfach ein – na? – tadaa – ein Navi.

Jetzt können sie den Satz so oft hören, wie sie wollen. "Sie haben Ihr Ziel erreicht" sagt eine verschwörerische Stimme, in der eine große Hochachtung mitschwingt. Das ist doch mal eine gute Sache. Das ist doch echt toll. Egal, wo wir hin wollen – immer kommt am Ende der Satz: "Sie haben Ihr Ziel erreicht". Großes Aufatmen, Siegergefühl, wir geben uns selber eine "High-five" und sind so richtig stolz.

Betrachten wir das Navi einfach mal als ein gutes Übungsinstrument. Es motiviert uns, sooft wir wollen und hält uns auf dem "richtigen Weg" :) .Übertreiben ist aber auch hier nicht gut, soll es doch mittlerweile Leute geben, die ihre Kinder zum Sandkasten in den Garten fahren, nur um den Satz zu hören "Sie haben Ihr Ziel erreicht"…

Dach

Also, ich meine hier nicht das norddeutsche "Tach" für "guten Tag". Ja, ja – das schreibt sich ja mit "T" und nicht mit "D". Aber so mancher Plattdüttsche spricht dat denn och mal wie nen "D" aus. Wenn er mal so kuschelig drauf ist….

Da geht's aber nicht drum.

Ich finde Dächer faszinierend. Heute Abend habe ich aus meinem Balkonfenster hinausgeschaut, wie so oft. Aber heute Abend habe ich die Hausdächer meiner Nachbarn so richtig im Fokus gehabt. So viele Dächer. In verschiedenen Farben gedeckt. Alle mit dem gleichen Ziel: Vor Unwetter schützen, Wärme speichern und Unterschlupf gewähren.

Dann war ich mit meiner Fellnase spazieren. Und habe ganz viele Dächer gesehen. Die, wie die Natur sie schafft. So viele Bäume. Ein Blätterdach hat etwas sehr beschützendes. Es ist so erhaben, weil man es über sich so direkt sehen kann. Es ist einfach da. Dieses Blätterdach hat mich wirklich fasziniert.

Es begann plötzlich stark zu regnen. Das hatte man ja aufgrund des Himmels heute auch fast sekündlich erwarten können. Und da war dann dieser Baum. Ich blieb drunter stehen. Und wurde nicht nass. Obwohl der Blick in den Himmel möglich war. Ich wurde einfach nicht nass. Dieser Baum ließ mich im wahrsten Sinne des Wortes nicht "im Regen stehen". Das war ein echt super Gefühl. Du bist mittendrin, riechst die Natur, die würzige Erde, fühlst Dich verbunden mit deiner Umgebung.

Dann komme ich nach Hause. Schließe die Tür auf, gehe hinein in meine "Oyster". Und da fühlt sich irgendwie alles anders an. Draußen war alles so offen, so frei. Hier ist es überschaubar, es gibt einzelne Räume. Das hat auch etwas Beruhigendes. Es ist nicht nur das Dach, das mir Sicherheit vor dem Regen gibt. Es ist ein Gefühl der Geborgenheit. Hier darf ich mich sicher fühlen. Ich bin in meiner kleinen eigenen Welt. Und in die kuschele ich mich ein. Und während ich mich dem wohligen Gefühl hingebe, erinnere ich mich an das wunderbare Blätterdach. Und die Gerüche. Das beruhigende Geräusch, wie der Regen auf die Blätter fällt.

Dächer sind etwas Wunderbares…

Herbstspaziergang

Sonne, milde Temperatur und ein – wenn man genau hinguckt, auch stellenweise – blauer Himmel. Gerade ist die Sonne mal wieder hinter einer Wolke verschwunden. Aber das macht nichts. Es gibt so viel zu sehen um mich herum. Bin mit meiner Fellnase unterwegs. Und habe den Fotoapparat dabei. Ja, so was gibt's noch. Ich gehöre zu den Menschen mit prähistorischer Einstellung gegenüber Smart-phones oder I-pods. Brauche ich nicht. Telefonieren macht mir keinen Spaß (mit sehr, sehr wenigen Ausnahmen!!). Also reicht mir meine -aber immerhin- Digitalkamera.

Durch Feld und Wald gehe ich am liebsten. Manche Menschen gehen mit ihren Hunden gerne flanieren, oder führen sie an der Leine am Bürgersteig entlang. Ich habe das große Glück, die Natur vor meiner Haustüre zu haben. Zugegeben, das war vor ca. 12 Jahren auch der entscheidende Grund für mein Hierherziehen. Meine Fellnase kann also nach wenigen Metern ohne Leine völlig losgelöst selbst entscheiden, wohin er gerade möchte. Er ist natürlich stets bestrebt, mich nicht aus seinen großen Kulleraugen zu lassen. Seine Lieblingsbeschäftigung ist das Lesen. Mit der Nase auf dem Boden informiert er sich, welche Hundedame hier vor kurzem entlang gegangen ist. Oder was Bruno aus dem Nachbardorf gestern gegessen hat (ahem). Ab und an scheinen auch Krimis dabei zu sein. Dann beginnen die Lefzen zu beben, die Schnute schäumt und der Hund ist echt völlig aus dem Häuschen.

Ist der Mörder aus dem Hundekrimi gefasst, können wir dann endlich weitergehen. Und ich sehe mir meine Umgebung ganz genau an. Bleibe stehen, schaue jeden einzelnen Busch an, betrachte die Bäume. Und sehe auf einmal Schönheiten, an denen so mancher achtlos vorbeigeht. Das Foto habe ich am Waldrand neben einer Kuhwiese aufgenommen (JAAAAA – hier gibt's noch Kühe auf der Weide!!!!). Sieht das nicht toll aus? Wie kleine filigrane Knäuel hängen die hellbeigen Bälle zuhauf an dem Klettergewächs. Nichts spektakuläres, ich finde es einfach schön. Und bleibe stehen. Betrachte es aus der Nähe, dann wieder mit etwas Abstand. Es fasziniert mich. Es muss nicht immer eine wunderschöne Blüte sein, die laut ruft: "Betrachte und bewundere mich, dafür bin ich da". Manchmal sind es die unscheinbaren Schönheiten, die mit verhaltener Eleganz nicht unbedingt jeden Blick auf sich ziehen. Aber das haben sie auch nicht nötig, denn sie bekommen die Blicke derjenigen, die sie sehen wollen, sehen können.

Wie herrlich so ein Herbstspaziergang sein kann. Und diese stille Jahreszeit fängt erst an! Was es da noch alles zu entdecken gibt…

Erfülltes Leben

Hört sich zunächst mal toll an. Ein erfülltes Leben zu haben ist doch von Vorteil. Man hat etwas erreicht. Kann auf etwas zurückblicken, natürlich voller Stolz. Aber was ist eigentlich ein erfülltes Leben?

Was sind das für Menschen, die von sich selbst behaupten können, ein erfülltes Leben gelebt zu haben? Sind die jetzt schon an einem Endpunkt angelangt? Ich weiß doch gar nicht, was da noch kommt. Gibt es gar ein erfülltes Leben in Potenz? Nach welchen Kriterien hat man ein erfülltes Leben?

Dieser Sache gehe ich heute mal auf den Grund. Ich gehe stark davon aus, dass die glücklichen Menschen mit ihren erfüllten Leben eine Checkliste im Safe liegen haben. Die wird brav abgehakt: Familie gegründet: erledigt / Kinder in die Welt gesetzt: erledigt / Guter Job: erledigt / Baum gepflanzt: ist leider eingegangen, neuen kaufen / Haus gebaut: ich bleibe am Ball....

Geht ein erfülltes Leben denn nur mit Dingen, die ich schon erledigt habe? Was ist mit dem Leben, das noch vor mir liegt? Zählt das denn dann überhaupt noch, wenn ich schon heute nur noch in der Retrospektive denke? Hat irgendwie auch zu viel Passivität. So eine "Schaukelstuhl-Mentalität". Ja, ja, damals in Sizilien..... (man erinnere sich an die Mama in der amerikanischen Serie "Golden girls").

Wenn es also nach diesen Kriterien geht, so habe ich ein gänzlich unerfülltes Leben. Ich bin noch neugierig auf jeden Tag. Auf das, was da noch kommen mag. Was ich noch alles entdecken kann. Und wie nächstes Jahr wohl meine Buschbohnen werden, die ich im Frühjahr anpflanzen will. Ich kann keine Familie nachweisen, es hat sich nicht ergeben. Und auch sonst bin ich bisher in ziemlich unruhigen Gewässern unterwegs gewesen. Manchmal so weit draußen auf dem Meer, dass ich kein Land mehr gesehen habe. Immer der Nase lang. Bis ich irgendwann dann wieder Land gesehen habe. Sich was zu trauen, auch mal neben die Etikette zu treten, einfach querfeldein zu laufen. Also so gesehen ist mein Leben dann doch nicht so leer. Eher "angefüllt" mit Erfahrungen, Selbstzweifeln und Kampfgeist. Aber es ist eben noch nicht erfüllt, so wie eine Aufgabe.

Vielleicht kommt das ja noch. Ich lasse mich überraschen und bleibe neugierig…

Mein Teppich, das unbekannte Wesen

Mein großer, bunter Teppich. Es gibt kaum einen Raum, den dieser Teppich in meinem Zuhause noch nicht gesehen hat. Außer dem Gäste-WC, denn da passt er nicht rein. Mit seinen 2,50 x 4 m hat er schon so seine Platz-Ansprüche. Ist ja auch ein echter Perser. Da darf er etwas divenhaft sein. Aber das gönne ich ihm, denn er leistet mir gute Dienste.

Zunächst mal ist er toll im Sammeln von Tierhaaren. Das macht er richtig gut. Liegt eine meiner Fellnasen drauf, so ist er stets bemüht, sie vom überflüssigen Haarkleid zu befreien. Gern sammelt er auch die getrockneten Lehmbrocken, die meinem Hund nach den ausgiebigen Spaziergängen aus den Pfoten fallen. Er konserviert sie regelrecht für die Nachwelt. Es tut mir jedes Mal fast leid, wenn ich ihm die wertvollen Schätze per Staubsauger wieder entreiße. Aber er ist unermüdlich und beharrlich und geht seiner Sammlerleidenschaft täglich von neuem nach.

Mein Teppich hat aber auch eine dunkle Seite. Und zwar da, wo man sie schon vermutet. Nämlich untendrunter. Da sammelt er unwiderruflich alles, was ich so hin und wieder gerne drunter kehre. Angefangen von Bequemlichkeitsfusseln oder Problemstaub bis hin zu Verzweiflungssteinchen. Er verwahrt es sozusagen für mich. So machen wir beide das seit Jahrzehnten. Man kennt sich halt. Mittlerweile habe ich jedoch das Gefühl, mein Teppich hat sich etwas übernommen. Er hat eine Beule, und zwar eine ziemlich dicke! Da stolpere ich jetzt schon seit einiger Zeit immer wieder drüber. Sie geht einfach nicht weg. Ich mag eigentlich aber auch nicht nachgucken, was meinem Teppich da so im Magen liegt und ihn aufbläht. Es hat doch immer gutgegangen. Kante hochnehmen und – schwupps – drunter mit dem seelischen Müll. Kante schnell wieder fallen lassen. Alles wieder gut.

Zumindest bis jetzt. Nun sitze ich hier und starre auf den Hügel in meinem geliebten Teppich. Die Stolperfalle ist seine Art, "Hilfe" zu rufen. Er möchte jetzt auch mal "untenrum" saubergemacht werden. Davor habe ich mich immer gedrückt. Wie sieht das jetzt wohl da drunter aus? Riecht es nach Verwesung? Greifen gar vergessene Gefühlspolypen nach mir und wollen mich in die Unterwelt ziehen? Ich weiß es nicht. Mit pochendem Herzen lüfte ich leicht die Teppichkante. Es ist dunkel. Höre nur ein klägliches Wimmern. Ich habe Angst. Dann flüstert eine Stimme ganz sacht: "Hier ist Dein Leben. Ich mag nicht mehr im Dunkeln sein. Lass mich doch bitte wieder heraus."

Das habe ich nicht gewusst. Jedes Mal, wenn ich über meinen Teppich gegangen bin, habe ich es mit meinen Füßen getreten. Das tut mir leid.

Wie ich mein Leben wieder ans Licht holen kann, weiß ich noch nicht. Aber ich habe zumindest schon einmal die Teppichkante hochgehoben und hingeschaut!

Du wirst niemals perfekt sein.
Aber einzigartig!

Faszination Wasser

Wasser ist ein phänomenales Grundelement. Ich finde es einfach wunderbar. Als ich dieses Bild einfing (es wollte gerade weglaufen), habe ich mich einfach mal in die Wiese gesetzt. Habe ins Wasser gestiert. Nicht, dass ich jetzt auf irgendwelche Nixen oder sonstige Wesen spekuliert hätte. Nein! Weit gefehlt.

Das Wasser war einfach beruhigend. Der leichte Vorwärtsdrang des Wassers, kaum spürbar, aber dennoch sehr präsent. Nichts kommt dem leisen Plätschern von Wasser gleich. Wasser ist das Element, mit dem wir schon in frühester Entwicklung so unsere Erfahrungen machen. Im Mutterleib schützt uns das Wasser vor Stößen, es hüllt uns ein in eine Wohlfühlwoge. Geräusche kommen wie durch einen Filter an. Nicht die schlechteste Umgebung. Aber dann zwingt einen die Natur halt, diesen Ort zu verlassen. Und was machen wir? Wir protestieren auf heftigste – wir schreien!!! Ich habe nicht geschrien. Wahrscheinlich fühlte ich mich des Wertvollsten beraubt und konnte es gar nicht fassen. War so gesehen "mundtot". Der Po-Klaps holte mich dann wohl in die Realität, und ich schrie, schrie und schrie. Heute schreie ich nicht mehr. Schon lange nicht mehr. Ist man erst mal auf der Welt, darf man das auch nicht mehr.

Wasser kann aber weitaus mehr. Wasser ist klärend und säubernd. Wenn ich unter der Dusche stehe, spüre ich es. Ich meine nicht das "refreshening" mit einem trendigen Duschgel, das mit schweren Düften die Sinne betäubt. Nein, ich meine das reine Wasser, das nicht nur meinen Körper sondern auch meinen Kopf freispült. Nach dem Duschen fühle ich mich auf sonderbare Weise befreit.

Und doch kann Wasser auch zerstörerisch sein. So, wie es Leben gibt, kann es Leben auch nehmen. Viele Menschen haben in den letzten Wochen ihr Leben in dieser Urgewalt verloren. Das Wasser hat unzählige Seelen auf ihrer Flucht verschlungen. Hat sie dorthin gebracht, wo sie einst herkamen. Zurück in einen riesigen Mutterleib. Aber gibt dieser Mutterleib den Verstorbenen das Ur-Vertrauen zurück? Ich weiß es nicht. Ich wünsche es ihnen von Herzen.

Wenn Wasser so gewaltig sein kann, ist es dann für uns Menschen uneingeschränkt wunderbar? Ohne Wasser kein Leben, zu viel Wasser – auch kein Leben. Das berühmte zweischneidige Schwert.

Ich habe leicht reden – ich kann mich an das Ufer des kleinen Flusses setzen und den seichten Bewegungen des Wasserlaufs folgen…

Der Fluss des Lebens

Wasser ist wie Dein Leben,
es hat keinen Rückwärtsgang.

Wie Hund und Katz'

Jeder denkt jetzt sofort an das übliche Bild. Hund jagt Katze. Letztere flüchtet auf den Baum und faucht mit gesträubtem Nackenfell. Der Hund läuft nervös um den Baum herum und kläfft und kläfft und kläfft.... Caniden und Feliden sind sich einfach nicht grün. Punkt.

Nun hat man aber die beiden Spezies noch nicht persönlich danach gefragt, wie sie zueinander stehen. Bei einem Interview kämen bestimmt die interessantesten Ergebnisse raus. So würde Merlin zum Beispiel sagen:" Ich kenne die ja von klein an. Also die Katzen. Ich war da schon groß. Ich habe sie aufwachsen sehen. Das war eine recht turbulente Zeit. Für mich als Bodenbewohner (neiiin, auf das Sofa darf ich nicht) gibt es nur diese flache Dimension. Für die kleinen Fellknäuel ist das Leben mehrdimensional. Die sitzen auch schon mal auf dem Schrank. Da muss ich dann hochgucken. Brech' ich mir aber auch keinen bei ab. Ansonsten haben die sich als prima Kumpels entwickelt. Die machen meine Augen sauber, schlecken mir die Ohren und kuscheln sich an mich, wenn sie müde sind."

Fragt man Cleo und Caesar, wären die Antworten nicht minder überraschend: "Also das erste, was wir im neuen Heim sahen, war eine riesige Hundeschnauze vor der Transportkiste. Aber das war o.k., denn unsere Dosenöffnerin saß direkt daneben. Sie signalisierte uns allen, dass dieses Zusammentreffen das Normalste auf der ganzen Welt ist. Die Laute aus Ihrer Schnute haben wir zwar nicht verstanden, aber der Klang der Stimme war ruhig und entspannt. Also was sollte schon passieren? Wir sind neben dieser großen Fellnase erwachsen geworden. Merlin ist ein richtiger Kumpel für uns. Sogar aus seinem Napf dürfen wir essen, wenn er danebensteht. Prima Kerl, das."

Geht das aber auch gut, wenn alle Seiten schon erwachsen sind?

Yep!

Auch das ist möglich! Habe ich selbst erlebt. Mit Hugo und Finn. Die beiden Katzen sind erwachsen und das schon ziemlich lange. Bis vor einem Jahr haben sie in Bergisch Gladbach gelebt. Ohne je einen Hund gesehen, geschweige denn, einem Hund begegnet zu sein. Ganz in ihrer Katzenwelt zuhause. Dann kommen die beiden zu mir. In einen Multi-Kulti-Haushalt. "Oh, bei der heiligen Bastet, wo sind wir denn hier gelandet?"

Nach anfänglicher Verunsicherung ob der großen Fellnase und den beiden Artgenossen hat sich alles zum Besten entwickelt. Meine beiden "Adoptivkatzen" haben sich prima in den bunten Reigen eingelebt. Schließlich hat den beiden auch jeder der in diesem Haushalt Lebende klargemacht, dass keiner den anderen fürchten muss. Im Gegenteil. Meinungsverschiedenheiten trägt jeder gemäß seiner eigenen Sprache aus. Die man untereinander auch sehr gut versteht. Und respektiert.

Ich habe sogar schon beobachtet, wie meine Vierbeiner und ich uns gegenseitig beim Gähnen anstecken. Artübergreifende Empathie nennen das die Wissenschaftler.

Wie unterschiedlich wir miteinander umgehen, liegt letztendlich an uns selbst!

Ich habe mich heute selbst besiegt.
Und habe dabei nicht verloren!

Kochtherapie

Es gibt echt Dinge, die bringen mich auf die Palme!!!! Da ich aber nicht so gut rauf und runter klettern kann, habe ich nach einer Alternative gesucht. Daher koche ich jetzt vor Wut!!!!! Ich gehe also in die Küche, hole Topf und Pfanne heraus und los geht's...

Heute brauche ich gar nicht groß überlegen, was ich koche. Schaut euch das Foto an. Seht ihr das Lineal? Die längste der Zucchini ist fast 50 cm (!!!) lang. Da kann man glatt eine Kompanie mit beköstigen. Und nein – die sind nicht genmanipuliert. Die kommen einfach nur aus meinem Garten. Die sind auch nicht gedüngt. Die dürfen halt so wachsen, wie sie wollen.

Ich staune echt immer wieder, was bei mir da so gedeiht. Getreu dem Motto: "die Größe einer subterranen

Gemüseknolle seht in reziproker Relation zum Intelligenzquotienten eines Agrarökonoms" kann ich immer munter drauf los ernten. Klar sind die jetzt nicht so einheitlich gewachsen wie die im Supermarkt. Zum Fotografieren für einen Food-Stylisten eignen sie sich sicher auch nicht. Aber wisst ihr was? DIE SCHMECKEN EINFACH!!!!!! Und es macht mich unbändig stolz, sie selbst gesät, gehegt und gepflegt zu haben. Darum schmecken sie sogar NOCH besser!!!

Nun stehe ich also in der Küche. Ich wasche diese kleinen "Minirobben" zunächst unter klarem Wasser ab. Dann nehme ich mir ein Messer und schneide ganz kleine Stifte daraus (nö, nicht immer nur Scheiben). Meine Messer sind stets ganz scharf – darum: konzentriere Dich auf das, was Du gerade tust! Das hat auch was Meditatives. Die Pfanne wird heiß. Langsam umnebelt mich der wunderbare Duft von Gewürzen. Ich füge noch Knoblauch, Zwiebeln und Hackfleisch dazu. Natürlich Sojasoße zum Ablöschen. Meine olfaktorische Wahrnehmung schickt ein Gefühl von Wohlbefinden ans Gehirn.

Der Teller steht bereit. Jetzt freue ich mich saumäßig auf's Mampfen. Yep – das schmeckt echt gut. Füllt nicht nur meinen Magen, sondern streichelt auch meine Seele. Danach werde ich mir einen guten Kaffee kochen. Ach, übrigens, worüber hatte ich mich eigentlich geärgert? Habe ich vergessen…

Schlusswort

Jeder Versuch, das Leben nicht so bissig ernst zu nehmen, ist es wert, unternommen zu werden!

Wenn euch meine Zeilen hier und da dazu motivieren, so freut mich das von Herzen. Und denkt immer daran: Es gibt in jedem Moment eures Lebens die Möglichkeit, etwas Neues zu beginnen!

Herzlichst - Eure Rita

PS: Ich freue mich über eure Kommentare zu diesem Buch. In meinem Gästebuch könnt ihr mir gern eure Eindrücke und Meinungen mitteilen:

http://www.ritaschreibt.de/gästebuch/